AF590588

NOTICE

D'ESTAMPES

ET

LITHOGRAPHIES

NOIRES ET COLORIÉES

DONT LA VENTE AUX ENCHÈRES PUBLIQUES AURA LIEU

HOTEL DES COMMISSAIRES-PRISEURS

Rue Drouot, n° 5

SALLE N° 6, AU 1er ÉTAGE

Le Jeudi 30 Mai 1861

A 1 HEURE PRÉCISE

Me DELBERGUE-CORMONT, Commissaire-Priseur,
rue de Provence, 8;

Assisté de **M. VIGNÈRES,** Marchand d'Estampes,
rue de la Monnaie, 13, à l'entresol, entrée rue Baillet, 1,
Chez lequel se distribue la Notice.

PARIS

RENOU ET MAULDE

IMPRIMEURS DE LA COMPAGNIE DES COMMISSAIRES-PRISEURS
rue de Rivoli, 144.

1861

Lebermuth Transport à Paris 7.50
frais de douane 3
port chez moi 2
Transport à ... 1
13-50

CONDITIONS DE LA VENTE

Frais 19 %

Elle sera faite au comptant.

Les Acquéreurs paieront CINQ POUR CENT en sus des enchères, applicables aux frais de la vente.

13-50 M. Lebermuth	40 - 75		7,75		19-50
Laroque	76	payé	14	45	61 55
Metternich	10		1	90	8 10
Gavard	3	payé		55	2 45
Lebrasseur	298	payé	56	65	238 35
Lelogeois	55 50	payé	10	55	44-95
Hautecoeur	423	payé	80	40	339 60
Guillarmos	5 50	payé	1	05	4 45
Delalaisse	12	payé	2	30	9-70

953-50

Reçu de Monsieur Vignaire
la somme de deux cents trente
huit F trente cinq c. frais déduits,
pour les estampes vendues
le 30 mai 1861.

Paris le 5 Juin 1861.

Vve Lebrasseur

DÉSIGNATION

DES ESTAMPES

1. Vision d'Ézéchiel, par Coronni, 1825, d'ap. Raphael, grande et belle pièce.

2. Roland, par Kneller, d'ap. Hubner, avant la lettre.

3. La Force, par Balechou, d'ap. Nattier. Sup. ép. marge.

4. La Cuisinière, par Cl. Duflos, d'ap. Dumenil. Sup. ép., marge.

5. Portrait d'Isabelle-Claire-Eugénie, d'ap. Rubens. Ep. grand in-f°, en riche costume et en religieuse.

6. Séparation de Louis XVI et de sa famille — Arrestation de Robespierre. Deux grandes pièces rares.

7. Apothéose, d'ap. H. Vernet avant la lettre – Bataille de la Moskwoa — Charles Ier — Collin-Maillard et pendant par Debucourt — Aminta-Fleur de Marie et autres, 12 p. Sera divisé.

8. Lithographies, vues, sujets religieux, etc., 20 p.

9. Estampes anciennes, d'ap. Rubens, Rembrant, Teniers et autres, 20 p.

10. Sujets gracieux, religieux et autres, 17 p.

11. Paysage marine, sépia signée Kruseman, 1847.

12. Histoire de Ste-Catherine canonisée en 1669. 48 p.

13. Colonne de la grande Armée, par Tardieu, 27 p.

14. Theatrum instrumentorum, et machines ingénieu- de Jacques Besson. Lyon, 1582, fig.

15. Le premier livre de la fortification, par Evrard de Bar-le-Duc, 16 pl. et texte incomplet.

16. La perspective, par Louis Bretez, 1751, 59 pl. — Principes de perspective de Taylor et Murdock, 1759, texte et atlas. — Vignole, dessins à la plume. 12 pl.

17. Études classiques sur Ossian, 37 fig. au trait.

18. Portraits des hommes célèbres, galerie cardinale.

19. Fête à Lille, en 1790, par Helman, d'ap. L. Watteau avant la lettre.

20. Très-grande vue de St-Pétersbourg, par Lebas avant toute lettre.

21. Le Festin espagnol et autres, 15 pl.

22. Fac simile, d'ap. les anciens maîtres, 7 pl.

M. Hautecœur

No 51	25	vues		2	
	24	.		2	
	58	.		1	
	36	Sujets religieux	Vigner	5	
	50	pièces		4	50
	40	.	Vig.	6	
	13	.		4	
	25	Vor adam		3	50
	100	portraits	Vig	2	
	14	Oiseaux couleur		3	
	16	chevaux		3	50
	70	Vues et Polichinel	Vig	3	
	20	portraits		1	
	20	Vues de Paris		2	50
	53	Costumes Militaires	Dub. de l'Etang	1	
	19	pièces Historiques		1	50
	25	Vor Adam		1	50
	100	p. Marry etc	Vig	10	
	34	Sujets religieux		2	50
	100	Costumes	Vig	9	50
	12	pièces en Couleur		5	50
				74	50

	Report.		74	50
32	Couleurs		6	50
50	portraits	Vigner	4	
90	divers		3	
50	Costumes Militaires		3	
60	Costumes		1	
21	portraits d'acteurs	Vign	2	
200	Costumes		1	
200	portraits Costumes		1	50
50	Gavarni		7	50
116			2	50
48	p.	Vig.	4	
175	Costumes		1	50
370	Costumes Militaires		2	
56	Costumes		3	
50	Costumes		2.	50
200	Costumes		2	
30	Vignettes		2.	50
140	Oiseaux		1	
288	Costumes		7	.
780	Cosmopolites		4	
			136	

	Report	136	
116	Divers	2	50
123	Costumes	2	
84	Gavarni	8	
50	Cham et Gavarni	4	50
50	d°	5	50
38	Gavarni	6	50
93	Deveria et Gavarni	6	
	Vol principes de Paysages	3	50
100	pièces	1	50
50	Cham et Gavarni	4	
76	Cham, Beaumont, Vernier	5	
59	Couleur	6	50
60	Couleur	5	50
60	Gavarni differents	8	
40	Photographies	2	
55	Etudes	2	50
30	Vues Couleur	5	50
76	portraits	3	50
50	Gavarni differents	9	
50	d°	6	50
		234	

		Report	234	
100	Divers		2	50
145	Divers		9	
123	Paysages		4	
122	Costumes Couleur		2	
35	Militaires		5	
102			2	50
100			1	
18	Marines		3	
20	Couleur		4	50
22			2	50
18	Couleur		10	
30	Napoleon		4	50
22			1	
40			6	
32	Gavarni		3	50
240	Gavarni 10 Sujets.		6	
78	Costumes		2	
82			5	50
100	Costumes		10	
225	Oiseaux		6	
			324	50

	Report	324	50
225	oiseaux	4	
200	d° G^d Papier	7	
900	d° d°	13	
150	Caricatures	2	50
116		2	
150	ornements etc	1	50
80	paysages	4	50
43	lettres alphabets	3	50
143	divers	1	50
80		1	50
179		4	
40	Costumes militaires	4	
76	Michel ange, paysages etc	2	50
18	Tableaux Scientifiques	1	
15	pieces	1	
29	paysages	1	50
44	Cost. militaires	2	
21	Vues de Paris	1	50
20	Etudes plantes Blery	4	
50	divers	3	
		390	

	Report	390		N°.
54	Divers	2	50	
50	Divers	7	50	
55		2		
66		1	50	
56		3	50	
30	Blle d'ap. C. Vernet	2		
51		2		
71	Divers	12		
		423	..	

M. Lelogeais

N°50	62	Filhol	3
	43	Vignettes	4
	39	fleurs	2 50
	62	Vignettes	4
	43	Ovide	1 50
	46	Arioste	4
	94	Berenger	4
	46	Byron, Fenelon	1 50
	149	Scribe	3 50
	72	Voltaire	3
	157	Voltaire	3
	80	Voltaire [illegible]	2 50
	9	Flamery	3
	98	Bois Couleur	10 50
	94	Bois noir	2
	51	Buffon	3 50
			55 50

Guillarmos	20 Estampes		1	
	4 Dessins	Vig	3	
	10 Dessins		1	50
			5	50
Dehalaisse 9 quai napoleon	112 pieces Artistiques		4	50
	9 portrait Kossuth Vve adam Vig.		1	
	37 Lithog		2	50
	48 Estampes Anc		4	
			12	..

Madame Lebrasseur

no 48	50 p. Pont aquarelles		2	
	20 pieces	Vig	5	
	22 p.		1	50
	20		5	50
	20		5	
	12 Tobie		1	50
	12 Tobie		2	50
	12 Mariage		2	50
	8 Harem		2	50
	21 Train de plaisir noir	Vig	2	
	26 Train de plaisir Couleur	Vig	6	
			36	00
			24	50
			233	
			4	50
			298	..

23. Fleurs, oiseaux, nature morte, vues de Montmartre, buttes Chaumont, Creteil, Besançon, à l'huile sur papier, pourra être divisé.

24. Dessins d'ornements, fleurs, paysages, aquarelles et gouaches pour album, costumes et décorations théâtrales à la gouache, aquarelle, etc., maquettes découpées, modèles de décorations, plusieurs pièces complètes, plusieurs lots.

25. École française Demarteau, sanguine, portraits. Écoles diverses, 55 p. 3 lots.

26. Très-grande vue du Palais-Royal, par Salathée, d'ap. Champein. — Vue de Venise, par Guesnu, d'ap. Raffort, avant la lettre. — Chapelle sépulcrale de Dreux. — Intérieur du dôme en couleur. p. Sera divisé.

27. Téniers, Wouwermans et autres. 8 p. — Vues de Metz et autres. 10 litographies, en tout 18 p.

28. Les Deux colombes, par Cornillet. 2 ép. noir.

29. Sainte Mère de Dieu, par Riffaut. 7 ép. noir. une couleur.

30. Ave Maria, par Gsell, avec lettre rouge et or. 28 ép.

31. Les Trois baisers par Gsell, lettres en or. 9 ép.

32. Napoléon III, en pied. Lithog. par Colette. 11 ép.

33. Le Curé patriote. — Postillon de Lonjumeau, noir et coul., en tout 26 ép.

34. Le Vieux sergent. — La Vivandière. 76 ép.

35. Vallon de Villeneuve. — Le bain. — Petits petits. — Les papillottes, en tout 144 ép.

36. Le Harem, 6 sujets de femmes. 132 ép.

37. Atala. — Chactas, noir et couleur. 22 ép.

38. Rigolette et Fleur-de-Marie, noir et couleur. 80 ép.

39. Folie-Asnières, noir et coul. 86 ép.

40. Fleurs coloriées, chromolithographie. 6 sujets à la feuille. 30 p.

41. Sujets de Pêcheurs, Mozin. 4 sujets rehaus. de coul. 200 ép.

42. Croquis Mozin. 8 sujets différents, noir. 300 ép.

43. Croquis Mozin. 12 sujets différents, couleur. 115 ép.

44. Trains de plaisir au Havre, Chartres, Versailles, St-Germain. 393 ép. — 256 coul., en tout 649 ép.

45. Sujets de mariage, d'ap Anaïs Colin. 6 sujets différents, papier Chine et blanc. 798 éd.

46. Le Livre de Tobie. 6 sujets, noir et coul. 210 ép.

47. Album d'été. 3 sujets différents, Chine et blanc. 750 ép.

48. Lithographies diverses, plusieurs lots.

49. Très-grand portefeuille et autres plus petits.

50. Grand nombre d'Estampes en lots; œuvres de Gavarni, in-8° en bois; Grandville fleurs animées, scènes de la vie des animaux; Costumes militaires, de Bellanger, Raffet et autres. Costumes de différents pays, Caricatures, Fleurs coloriées, Vignettes pour Béranger, Byron, Ducis, Lafontaine, Legouvé, Ovide, Scribe, Voltaire, de Desenne et de Moreau; animaux pour Buffon, Eaux-fortes de Flameng, Marvy et autres pièces de l'artiste, etc.

51. Grand nombre de fort lots lithographiés noires et couleurs, vues de Paris et autres, Marines, Chevaux et voitures, par Victor Adam, Gericault, C. Vernet; Sujets religieux, Portraits de généraux, Napoléon III, la Famille impériale et autres; Paysages de Coignet, Jacotet, Calame, etc.; Lettres ornées, Costumes militaires de Bellanger, Lalaisse, gravés; Collection Martinet français et étrangers; Vues et batailles de Sébastopol, Cronstadt, etc.; Ornements, Oiseaux, par Martinet et autres; Cartes de Crimée, etc.; Arts et cris de Paris d'après nature, par Joly; Costumes de divers pays, Déguisements de théâtre, etc.; Caricatures de Cham, Damnier, Gavarni, etc., etc.

Renou et Maulde, imprimeurs de la Compagnie des Commissaires-Priseurs, rue de Rivoli, 144. 3204

3	Polichon laforce (Lubenmuth)	Soulier	. 5	
14	Vol. Machines de Besson (Laroque)	Béranger	. 5	
24	30 Décorations Théâtrales (Laroque)	Bérard	. 44	
25	10 cannsfortes (Metternich)		. 2	
29	1 Merci de Dieu (Lebrasseur)		. 1	
48	20 p. (Lebrasseur)		. 5	
	21 Train de plaisir noir (Lebrasseur)		. 2	
	26 Train de plaisir Couleur (Lebrasseur)		. 6	
(25 Bis)	4 dessins (Guillarmos)		3	
d°.	3 portraits (de Lalaisse) y compris napoléon		1	
51	36 Sujets religieux		. 5	
	40		. 6	
	100		. 2	
	70 Polichinel		3	
	58 Cost. Militaires Dubois de l'Etang		. 1	
	100 p. Marvy etc		. 10	
	100 Costumes		. 9	50
	50 portraits		. 4	
	21 acteurs		. 2	
	45 p.		. 4	
			120	50
			6	05
			126	55

QUARANTE

24

BRUXELLES 3 S. 27 [illegible] 61

Monsieur Vignères M^d d'Estampes

13 rue de la Monnaie,

PD

à

Paris.

144 Reçu de Monsieur Vignères la somme de neuf francs soixante dix centimes pour vente d'Estampes le 30 mai 1861

Paris le 5 Juin 1861

[illegible]

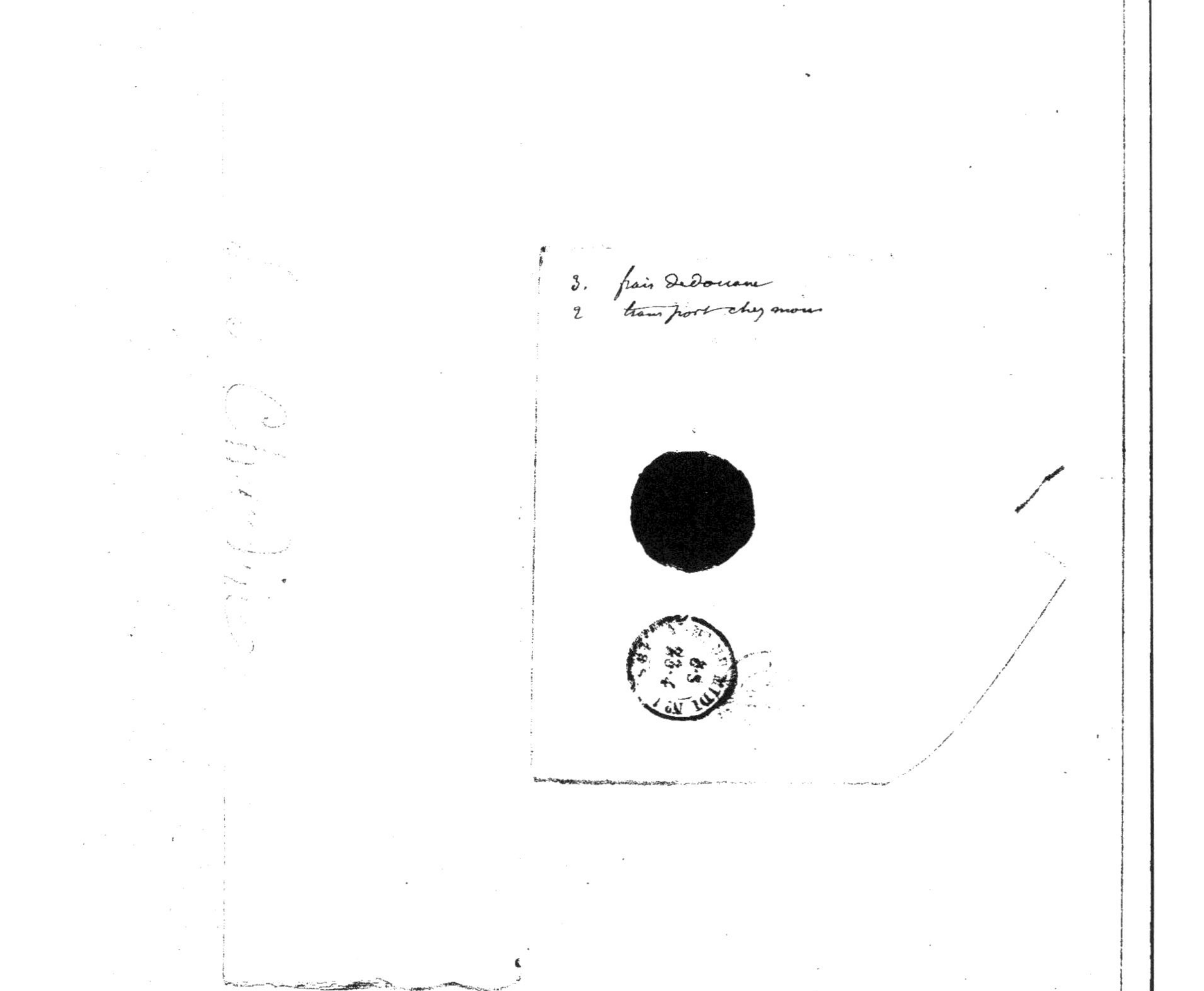
3. frais de douane
2 transport chez moi

144

Reçu de M. Vignères la somme de Trois cent trente neuf francs 60 centimes montant de la vente faite par lui à l'Hôtel Drouot, après avoir défalqué les frais de vente (30 Mai 1861)

4 Juin 186[1]

Hautecœur frères

144

reçu de Monsieur Vignères la somme de 61.f 55 frais de vente pour la vente d'estampes et dessins vendus le 30 mai 1861.

A. Laroque ce 8 Juin 1861

fg. St Martin n° 145

144

RUE LARREY, N° 7, ANCIENNE RUE DU PAON-SAINT-ANDRÉ
Donnant dans la rue de l'Ecole-de-Médecine.

VENTE ET ACHAT
de toutes sortes
DE LIVRES D'OCCASION

E. LELOGEAIS

COLLECTIONS DU *MONITEUR UNIVERSEL*
Années diverses et Numéros séparés.

ACHAT DE BIBLIOTHÈQUES
et partie
DE LIVRES EN NOMBRE

On ne reprend pas les Marchandises 24 heures après la Livraison faite.

Paris, le 8 Juin 1861

	F.	C.
Vendu à M Reçu de Mr Vignères la somme de Quarante quatre francs quatrevingt quinze centimes pour la vente du 26 Mai 1861		
E. Lelogeais		

Paris. — Typ. Gaittet, rue Git-le-Cœur, 7.

144

Reçu pour solde, d'Estampes vendues le 30 Mai 1861 treize frs 50 cmes, frais déduits.

A. Le[illegible]

Paris 24 Avril 1862.

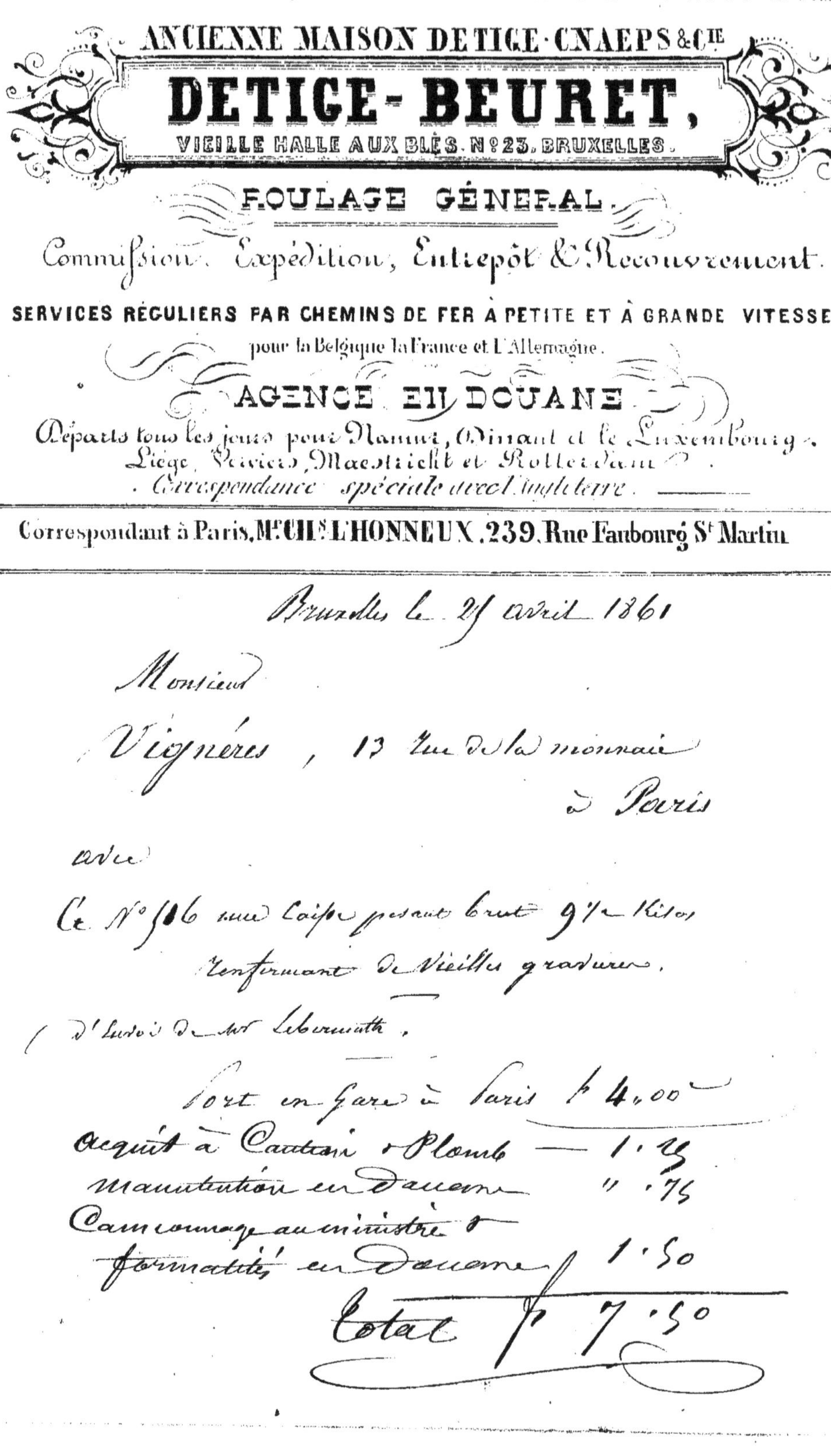

ANCIENNE MAISON DETIGE-CNAEPS & Cie

DETIGE-BEURET,

VIEILLE HALLE AUX BLÉS. N° 23. BRUXELLES.

ROULAGE GÉNÉRAL.

Commission, Expédition, Entrepôt & Recouvrement.

SERVICES RÉGULIERS PAR CHEMINS DE FER À PETITE ET À GRANDE VITESSE.

pour la Belgique la France et l'Allemagne.

AGENCE EN DOUANE

Départs tous les jours pour Namur, Dinant et le Luxembourg, Liège, Verviers, Maestricht et Rotterdam.

Correspondance spéciale avec l'Angleterre.

Correspondant à Paris, Mr CHs L'HONNEUX, 239, Rue Faubourg St Martin

Bruxelles le 25 avril 1861

Monsieur

Vignères, 13 rue de la monnaie

à Paris

avec

Ce N° 506 une Caisse pesant brut 92 Kilos

renfermant de vieilles gravures.

(d'envoi de Mr Liebermuth.

Port en Gare à Paris	f 4.00
Acquit à Caution & Plomb	1.25
Manutention en Douane	" .75
Camionnage au ministère & formalités en Douane	1.50
Total	f 7.50

Bruxelles 23 Avril
1861.

Monsieur

Lors de notre dernier entretien à l'Hôtel Drouot, vous avez eu la bonté de me proposer l'envoi à l'Hôtel de toutes les gravures que j'ai en double, ou de trop, dans ma collection. Je vais faire le premier essai.
Je viens donc de faire remettre à la Messagerie une petite caisse, contenant 52 gravures et 20 lithographies.
Veuillez donc Monsieur les ajouter à votre premier catalogue de vente, naturellement sans nommer leur ancien possesseur. Si la vente se fait convenablement je vous en enverrai bientôt un plus grand nombre, vu que je desire de me defaire de quelques centaines.
Je desire acheter lorsque l'occasion se presente, les délices maternelles gr: par Wille, premier état.

Vous n'aurez pas oublié Monsieur de me faire marquer les prix de vos ventes de gravures pendant le courant de cette année et de me les faire parvenir par voie de librairie.

Espérant Monsieur que vous ferez bon accueil à mon envoi, j'ai l'honneur de vous présenter mes civilités les plus distinguées.

A. Dehermuth

à l'Athénée Royal de Bruxelles.

57 gravures
20 lithographies
1 Vie de Ste Catherine par Lammelin
1 Colonne de Vendôme.

N° 144.

M. DELBERGUE CORMONT,
Com.re Priseur,
8. Rue de Provence

1er Juin 1861

Vente de [illegible]
pour M. Vigner.

Produit			924	25
à déduire				
Insertion Officielle	14.			
Journaux [illegible]	5	50		
[illegible]	1	70		
[illegible]	2	50		
Enregistrement	22.	40		
Droits Commun	29	60		
honoraires du Commissaire priseur	29	60		
[illegible]	12			
Salle	11	50		
Commissionnaires	5			
gratification	12.			
Catalogue et distribution	27.			
Remis à M. Vigner	46	20		
	218	60.		
Rendu le 5%	46	20		
	172	40	172	40
			751	85.

www.ingramcontent.com/pod-product-compliance
Ingram Content Group UK Ltd.
Pitfield, Milton Keynes, MK11 3LW, UK
UKHW022152260726
13993UKWH00005B/2314